LA ENERGÍA

solar

David and Patricia Armentrout

Rourke
Educational Media
rourkeeducationalmedia.com

www.rourkeeducationalmedia.com

PHOTO CREDITS: © Thomas Gordon: page 4; © Mehmet Salih Guler: page 5; © Kapu: page 7 background; © tomos3: page 6 left; © Andrew Penner: page 7 top; © Hugo de Wolf: page 7 bottom; © SOHO Consortium: page 9; © Jirijura: page 10; Courtesy: NASA: page 12, 13, 39; © PhotoDisc: page 15; © StillFX: page 17; © Giorgio Fochesato: page 19; © Oktay Ortakcioglu: page 20; © Duncan Gilbert: page 21; © Tobias Machhaus: page 25; © Sergei Butorin: page 25 inset; © Markus Gann: page 26; © ConstantGardener: page 27; © Otmar Smit: page 29; Courtesy: Sandia/Photo by Randy Montoya: page 30, 33; © Seimans: page 31; © Marli Miller: page 32; © Eliza Snow: page 34; © Kativ: page 35; Courtesy: Panasonic World Solar Challenge: page 37; Courtesy: United States Air Force/ Senior Airman Larry E. Reid Jr.: page 43

Edited by Kelli Hicks

Cover design by Nicky Stratford, bdpublishing.com
Interior design by Teri Intzegian

Editorial/Production Services in Spanish
by Cambridge BrickHouse, Inc.
www.cambridgebh.com

Armentrout, David and Patricia
La energía solar / David and Patricia Armentrout.
ISBN 978-1-62717-301-8 (soft cover - Spanish)
ISBN 978-1-62717-517-3 (e-Book - Spanish)
ISBN 978-1-61741-540-1 (Softcover-English)

Also Available as:

ROURKE'S e-Books

Rourke Educational Media
Printed in the United States of America,
North Mankato, Minnesota

Rourke
Educational Media

rourkeeducationalmedia.com

customerservice@rourkeeducationalmedia.com • PO Box 643328 Vero Beach, Florida 32964

Contenido

CAPÍTULO UNO

La energía

¿Sabes qué es la energía? Los científicos definen energía como la capacidad de hacer trabajo. Es lógico, porque cuando tienes un montón de energía, sientes que puedes hacer muchas cosas. Se podría decir, "Tengo tanta energía, que me siento como si pudiera correr 20 km". Correr es trabajo y ciertamente necesitas energía para correr 20 km. ¿Cómo consigue energía tu cuerpo? Con los alimentos. La comida es el combustible que tu cuerpo convierte en energía.

Tal y como nuestros cuerpos convierten los productos químicos de los alimentos en energía, nosotros convertimos algunos de los recursos de la Tierra, como el carbón y el petróleo, en productos energéticos como la electricidad y los combustibles. Utilizamos estos productos para calentar y dar luz a nuestros hogares, escuelas y empresas, y para poner en marcha nuestros coches y otras máquinas.

Combustible para el pensamiento

La física es una ciencia que estudia la energía. Los físicos estudian todo tipo de energía, incluyendo la energía química, el tipo de energía que se encuentra en los alimentos que tu cuerpo almacena antes de usarla.

Combustible para el pensamiento

El carbón, el petróleo y el gas natural son los combustibles fósiles. Se formaron a partir de plantas y animales que vivieron hace millones de años. El carbón se formó con el tiempo, cuando las plantas quedaron comprimidas bajo tierra con el suelo, la arcilla y los minerales. El petróleo y el

Carbón

gas natural se formaron hace mucho tiempo, cuando los animales marinos diminutos y las plantas murieron y se hundieron hasta el fondo del mar. Las bacterias, el calor, el suelo y la presión transformaron lentamente la materia muerta en el petróleo y el gas.

Petróleo

Combustible fósil

Gas natural

CAPÍTULO DOS

La energía solar

No podemos crear energía, pero podemos convertir una forma de energía en otra y hacer que la energía trabaje para nosotros. La energía solar, o la energía del Sol, es un ejemplo.

El Sol es nuestra mejor fuente de energía. El Sol es responsable de toda la energía. La energía que mantiene al Sol ardiendo día tras día es la misma energía que controla nuestro clima y permite la vida en la Tierra.

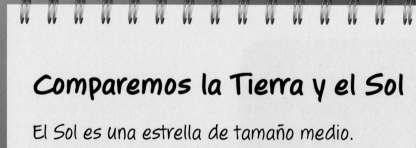

Comparemos la Tierra y el Sol

El Sol es una estrella de tamaño medio. Es enorme comparado con nuestro planeta. Harían falta más de un millón de Tierras para llenar una esfera del tamaño del Sol.

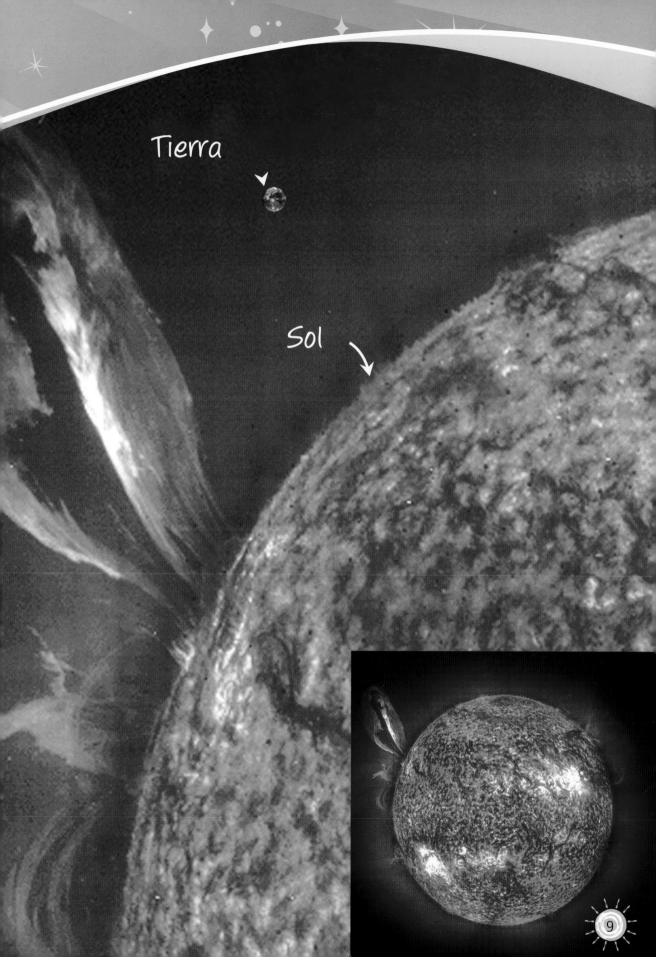

Tierra

Sol

Cuando estás afuera en
un día caluroso de verano,
es evidente que el Sol
proporciona energía térmica.
Cuando miras a tu alrededor
y ves la hierba verde, el
cielo azul y un arcoíris de
flores coloridas, es evidente
que el Sol proporciona
energía luminosa. Podrías
preguntarte, sin embargo,
por qué es el Sol responsable
por toda la energía. Vamos a
explorar más sobre el Sol
y la energía solar.

CAPÍTULO TRES

¿De qué está hecho el Sol?

El Sol está formado por varios elementos químicos. Alrededor del 74 por ciento del Sol está formando por gas **hidrógeno** y alrededor del 25 por ciento es gas **helio**. Otros elementos, como el **oxígeno** conforman el resto. El centro, o núcleo, del Sol es más denso, o más pesado, que sus capas externas.

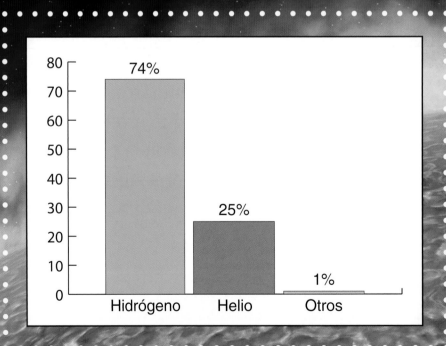

El calor extremo y la presión en el núcleo transforman el hidrógeno en helio. El resultado es una liberación masiva y constante de energía. El proceso se llama **fusión nuclear**.

Combustible para el pensamiento

Todo en el universo, incluyendo nuestro Sol, está hecho de átomos pequeños. Los átomos contienen partículas aún más pequeñas llamadas protones y electrones, que tienen una carga eléctrica.

CAPÍTULO CUATRO

¿Adónde va la energía solar?

La energía solar deja el núcleo y se enfría a medida que pasa a través de las capas externas de gas. La energía, en forma de luz y calor, va al espacio en todas direcciones. ¡A la luz solar (energía solar) solo le toma poco más de ocho minutos viajar los 93 millones de millas hasta la Tierra!

Desde el Sol, la energía viaja en todas las direcciones, pero solo una fracción de la energía del Sol llega a la **atmósfera** de la Tierra. Parte de la energía rebota en la Tierra y regresa al espacio. Gran parte de la radiación es absorbida y convertida en calor. Las plantas almacenan una pequeña cantidad de energía solar en sus células. Lo que hacen las plantas con la energía solar hace posible casi toda la

CAPÍTULO CINCO

Las plantas y la energía solar

Cuando el Sol brilla, ¡las células vegetales entran en funcionamiento! Ellas transforman la energía solar en energía química por medio de la **fotosíntesis**. Durante la fotosíntesis, las células vegetales absorben la luz solar y el dióxido de carbono del aire. Al mismo tiempo, las células vegetales absorben el oxígeno del agua y lo liberan en el aire. El proceso produce azúcares y almidones que son almacenados o utilizados como alimento por la planta.

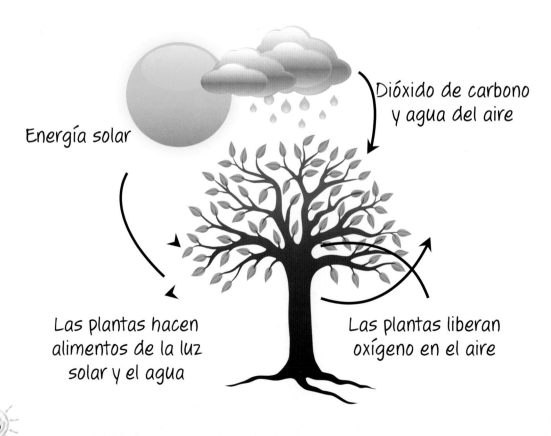

Energía solar

Dióxido de carbono y agua del aire

Las plantas hacen alimentos de la luz solar y el agua

Las plantas liberan oxígeno en el aire

Combustible para el pensamiento

Los animales que vivieron hace millones de años comían plantas, o comían animales que comían plantas. Sus cuerpos almacenaban energía química de las plantas. Después de que las plantas y los animales murieron, su energía química se fue convirtiendo poco a poco en energía química de los combustibles fósiles. ¡Oh! ¡Esto significa que la energía solar absorbida por las plantas desde hace millones de años hace funcionar indirectamente nuestros coches y calienta nuestros hogares hoy!

CAPÍTULO SEIS

Primeros usos de la energía solar

Hace mucho tiempo la gente se dio cuenta que el Sol cambiaba de posición de temporada en temporada. Los antiguos griegos diseñaban casas con ventanas orientadas hacia el sur, que es el diseño solar pasivo. Esto permitía entrar el calor del sol y la luz durante el invierno. Los antiguos romanos añadieron cristales a sus ventanas para ayudar a absorber y retener el calor. Incluso crearon leyes prohibiendo construir estructuras altas que bloquearan la luz del sol de los vecinos.

Los moradores del acantilado Anasazi eran los antepasados de los indios pueblos. Ellos construyeron casas energéticamente **eficientes** en el suroeste. Los Anasazi excavaban sus casas en acantilados que daban hacia el sur que tenían grandes pedazos de rocas sobresalientes. Durante el verano, cuando el ángulo del Sol era alto en el cielo, sus casas permanecían frescas por la sombra proyectada. En invierno, cuando el Sol era bajo, sus casas se bañaban en calor y energía luminosa.

Hace mucho tiempo la gente usaba la energía calórica del Sol para secar ropa, cosechas y pieles de animales. Todavía usamos la energía del Sol para estas cosas.

CAPÍTULO SIETE

Fuentes de energía globales

Energía renovable

ENERGÍA SOLAR

- El calor y la luz son energía solar
- Se renuevan cada día que brilla el Sol

ENERGÍA DEL VIENTO

- Energía del movimiento del viento
- Se renueva cada día que sopla en viento

ENERGÍA HIDROELÉCTRICA

- Energía del movimiento del agua
- Se renueva cada día que se mueve el agua

ENERGÍA GEOTÉRMICA

- Energía del calor y el vapor que viene
  de abajo de la Tierra

ENERGÍA DE LA BIOMASA

- Material vegetal y desechos animales utilizados para
  generar energía

Algunas fuentes de energía, como los combustibles fósiles, toman mucho tiempo para reponerse. Son fuentes de energía no renovables. Las fuentes renovables, como la luz del Sol, se reponen en un tiempo relativamente corto. A continuación hay ejemplos de fuentes de energía renovables y no renovables.

Energía no renovable

CARBÓN

- Sólido que toma millones de años en formarse
- Se saca de minas en la tierra

PETRÓLEO

- Líquido que toma millones de años en formarse
- Se bombea desde lo profundo de la Tierra

GAS NATURAL

- Gas incoloro e inodoro, toma millones de años en formarse
- Se bombea desde lo profundo de la Tierra

GAS PROPANO

- Gas natural que se licúa a alta presión y baja temperatura
- Se encuentra con el petróleo y el gas natural

ENERGÍA NUCLEAR

- Se almacena en los átomos, las partículas más pequeñas.
- Se obtiene del uranio, que se saca de minas en la tierra.

CAPÍTULO OCHO

La energía solar hoy

Durante los últimos 200 años el mundo ha dependido de los combustibles fósiles para producir la energía que necesita. Sin embargo, las fuentes de combustibles fósiles son limitadas. Algunos expertos creen que la producción de petróleo durará solo 35 años más, mientras que la producción de carbón durará unos 200 años más. El Sol sale todos los días. Es una fuente de energía libre, renovable y no contaminante. Es importante tener en cuenta todos estos factores, porque la energía del mundo necesita crecer como **industria** y la población crece. Afortunadamente, la **tecnología** ha mejorado la forma en que recogemos y almacenamos la luz del Sol y cómo la utilizamos como una energía global.

Combustible para el pensamiento

Actualmente, un 86 % de la energía mundial proviene de los combustibles fósiles.

CAPÍTULO NUEVE

Los colectores térmicos solares

Los colectores térmicos solares de placas planas captan energía solar. Puedes haberlos notado en los tejados de algunas casas y negocios. Los colectores térmicos absorben energía térmica, también llamada energía calorífica del Sol, y la transfieren a otro sitio para realizar trabajo. Los colectores funcionan bien para calentar agua para piscinas y calentadores de agua.

Los invernaderos son colectores solares. Las plantas crecen bien en ellos, porque sus paredes de vidrio o de plástico mantienen la energía térmica en su interior, incluso cuando hace frío afuera. Los invernaderos nos permiten controlar el ambiente en el que crecen las plantas y protegen las plantas de los vientos y lluvias fuertes, e incluso de las ventiscas. También podemos controlar la cantidad de agua que obtienen las plantas por medio de los sistemas de riego.

Utilizamos los invernaderos para cultivar plantas todo el año, incluyendo plantas domésticas y de jardín, hierbas y hortalizas, flores y árboles. Los agricultores siembran semillas en los invernaderos en medio del invierno, por lo que en la primavera, las plantas están listas para la venta o para la siembra en las granjas tradicionales. Los invernaderos son especialmente importantes para el sector de productos agrícolas. Las tiendas de comestibles venden verduras típicas del verano, como los tomates, debido a que los agricultores cultivan todo el año en los invernaderos.

Un colector de placa plana básico utiliza una placa de metal con una capa negra especial para absorber el calor. La placa se encuentra dentro de una caja **aislada** cubierta con un vidrio transparente. Uno tubos llenos de agua pasan a través de la caja hasta un tanque de almacenamiento. Cuando la luz del sol pasa a través del vidrio, calienta el agua en las tuberías, que se transfiere al tanque de almacenamiento. En este sistema, el agua que fluye a través de las tuberías es la misma agua utilizada para el baño y el lavado.

Un **colector parabólico** es también un colector térmico solar. Se trata de un panel largo y curvado brillante, o espejo. Las plantas de energía térmica solar utilizan filas y filas de ellos. Los colectores parabólicos de luz solar dirigen la luz hacia los tubos que corren por el centro de la parábola. Un líquido, como por ejemplo el aceite, fluye a través de las tuberías y transfiere el calor para producir vapor. Las instalaciones solares térmicas usan vapor para mover las aspas de las **turbinas**. Las turbinas transfieren la energía a un **generador**, que produce electricidad.

En el desierto californiano de Mojave está el Sistema de Generación de Energía Solar, un grupo de siete plantas de energía solar térmicas. Estas utilizan el diseño parabólico, junto con gas natural, para producir electricidad. Juntas, las plantas pueden producir 310 megavatios de potencia, suficientes para 230,000 viviendas. Actualmente conforman el complejo de energía solar más grande del mundo.

Combustible para el pensamiento

Un vatio es una unidad de energía eléctrica. Un kilovatio equivale a mil vatios y un megavatio equivale a un millón de vatios.

Una torre de energía solar es otro diseño de planta termosolar. Esta torre está rodeada de miles de espejos planos móviles llamados helióstatos. Los helióstatos dirigen el Sol hacia la cima de la torre, donde unos tubos llenos de cloruro de sodio líquido recogen el calor solar. El cloruro de sodio líquido se pone muy caliente, por lo menos a 1,200 grados Fahrenheit (649 °C). Este líquido salado retiene mejor el calor que el agua o el aceite. El calor produce vapor para producir electricidad, o es almacenado y utilizado más tarde cuando no hay Sol.

CAPÍTULO DIEZ

Las celdas solares

Las **celdas fotovoltaicas** (PV), o celdas solares, convierten la luz solar directamente en electricidad. Las celdas fotovoltaicas son discos finos hechos de elementos químicos como el **silicio**. Cuando las partículas diminutas que forman la luz solar, llamadas fotones, golpean a los elementos químicos en las celdas solares, crean una corriente eléctrica.

Cuando un grupo de celdas fotovoltaicas están conectadas, se les llama módulo o panel solar. Una matriz solar son dos o más paneles conectados por cables. Una sola celda PV puede dar energía a algo pequeño, como una calculadora. Varios paneles pueden generar electricidad para muchas cosas, como casas, escuelas e incluso satélites espaciales.

CAPÍTULO ONCE

Mejorando las celdas solares

En la década de 1880, un inventor estadounidense construyó la primera celda solar activa. Tuvo una eficiencia de un uno por ciento. Eso significa que solo el uno por ciento de la energía solar absorbida generaba electricidad. Desde entonces, los investigadores han hecho más barata y eficiente la producción de energía solar.

Autos solares

Los autos solares son vehículos eléctricos. Usan las celdas solares que convierten la luz solar en electricidad. La electricidad se almacena en las baterías. Un auto solar parece futurista. ¡Muchos parecen paneles solares sobre ruedas! Eso es porque para generar suficiente energía, la superficie de un auto solar tiene que estar cubierta con células fotovoltaicas.

Lamentablemente, los coches solares no están listos para sustituir a los vehículos impulsados por gasolina. La eficiencia de las celdas solares limita su utilidad para hacer funcionar vehículos de transporte. Los ingenieros y aficionados construyen coches solares para competir en carreras de velocidad y distancia en todo el mundo. Para hacer los coches lo más eficientes posible, eliminan peso y espacio extra. Los interiores suelen tener espacio suficiente solo para un conductor. Las competencias sirven de promoción a la tecnología solar y alientan a los constructores para mejorar sus máquinas.

Aviones solares

Imagina un avión que pudiera volar todo el día sin aterrizar para rellenar sus depósitos de combustible. Algunos científicos esperan que, finalmente, un avión solar será capaz de hacer precisamente eso. Por ahora, los aviones solares son experimentales. Los aviones solares, como los autos solares, son vehículos eléctricos. La superficie superior del avión está cubierta por paneles solares que capturan la luz del Sol. Los paneles convierten la energía solar en electricidad y la almacenan en las baterías.

El Helios fue uno de los varios aviones solares no tripulados construidos por la NASA (Administración Nacional de Aeronáutica del Espacio). Los ingenieros lo diseñaron para volar alto y permanecer allí durante períodos prolongados. Los operadores lo volaban y operaban por control remoto desde una estación en tierra. El Helios tenía 247 pies (75.2 m) de punta a punta, más grande que la envergadura de un avión Boeing 747. El Helios estableció varios récords de vuelo, incluyendo el de el vuelo más alto de un avión no tripulado. Por desgracia, se rompió durante un vuelo de prueba y se estrelló en el océano Pacífico.

ASTRO FLIGHT   SOLAR POWER

GOSSAMER PENGUIN

DUPONT

Combustible para el pensamiento

El pingüino Gossamer fue el primer avión solar pilotado. Viajó poco menos de dos millas en 1980 cuando su piloto completó un vuelo de demostración pública.

CAPÍTULO DOCE

La energía solar: ventajas y desventajas

Con los avances de la tecnología actual, se podría pensar que la energía solar es una solución sencilla para la creciente necesidad mundial de energía. Por desgracia, no es tan sencillo. La producción de energía solar tiene ventajas y desventajas, al igual que la producción de energía de otras fuentes.

La luz del Sol es gratis, pero el costo de su recolección y de convertirla en una energía utilizable es muy alto. El costo es un factor que miran las personas cuando consideran la energía solar. Las columnas de la derecha son dos listas de algunas ventajas y desventajas de la energía solar. ¿Conoces más?

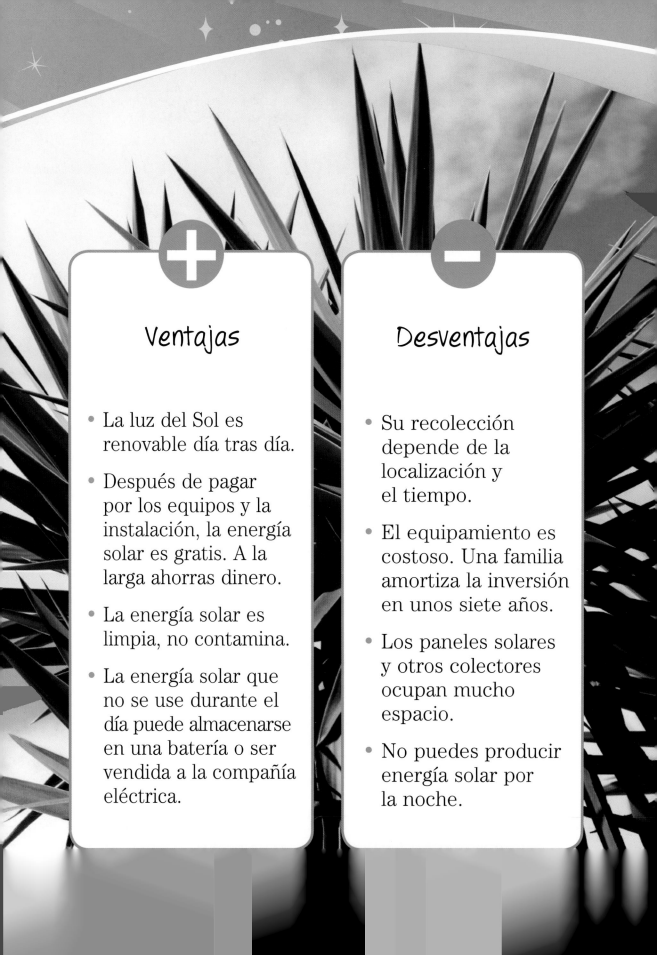

Ventajas

- La luz del Sol es renovable día tras día.

- Después de pagar por los equipos y la instalación, la energía solar es gratis. A la larga ahorras dinero.

- La energía solar es limpia, no contamina.

- La energía solar que no se use durante el día puede almacenarse en una batería o ser vendida a la compañía eléctrica.

Desventajas

- Su recolección depende de la localización y el tiempo.

- El equipamiento es costoso. Una familia amortiza la inversión en unos siete años.

- Los paneles solares y otros colectores ocupan mucho espacio.

- No puedes producir energía solar por la noche.

CAPÍTULO TRECE
¿Podría la energía solar iluminar nuestro futuro?

Cuando entras en una habitación oscura, accionas un interruptor para encender las luces sin pensártelo dos veces. Cuando ocurre un apagón, rápidamente nos damos cuenta de cuánto dependemos de la electricidad. ¿Es la energía solar una buena fuente de electricidad? En muchos lugares, lo es. La energía solar térmica y las plantas fotovoltaicas generan electricidad en todo el mundo. Varias grandes plantas fotovoltaicas operan en Europa. La base aérea de Nellis, en Nevada, opera la planta PV más grande de los Estados Unidos. Utiliza 70,000 paneles solares para crear electricidad. En todo el mundo se están haciendo planes para construir plantas de energía solares nuevas.

Los expertos creen que la energía solar tiene la capacidad de trabajo suficiente para beneficiar a más personas. Sin embargo, tenemos que aumentar la eficiencia y reducir los costos de generación de electricidad de energía solar. Con la investigación continua, la energía solar podría ayudar a iluminar nuestro futuro.

CAPÍTULO CATORCE

Cronología de la energía solar

Usa la cronología de la energía solar para aprender datos interesantes sobre la tecnología solar.

4,540 millones de años atrás
Se forma la Tierra y empieza a absorber energía del Sol.

Siglo VII a. C.
Las personas usan lupas para producir fuego.

Siglo V a. C.
Los griegos usan el diseño de construcción pasivo.

Siglo I a. C.
Los romanos usan una forma de vidrio para cubrir ventanas y orificios de viviendas para atrapar el calor.

Siglo VI d. C
Las leyes romana prohíben edificios que bloqueen la luz del Sol.

Siglo XII d. C
Los Anasazi construyen casas en acantilados orientados hacia el sur.
Los italianos construyen invernaderos modernos.

1767
El científico suizo Horace de Saussure construye el primer colector solar.

Siglo XVIII
Comienza un periodo de avances en la energía fototérmica y fotovoltaica..

1883
El inventor norteamericano Charles Fritts crea una celda solar que funciona.

1905

Albert Einstein publica un artículo sobre el efecto fotoeléctrico con su teoría de la relatividad, y obtiene el premio Nobel por esto.

Década de 1920

Casas en California y Florida usan colectores térmicos planos para colectar energía.

1954

Científicos norteamericanos en de los Laboratorios Bell crean celdas solares de silicio de un seis por ciento de eficiencia.

1958

Los Estados Unidos lanza la primera nave espacial de energía solar, el satélite Vanguard 1.

1973

Las celdas solares dan energía a la Estación Espacial Estadounidense Skylab.

1977

Comienza a funcionar en Boulder, Colorado, el SERI (Solar Energy Research Institute), ahora llamado Laboratorio Nacional de Energía Renovable (NREL).
Se forma el Departamento de Energía de los Estados Unidos.
El presidente Carter instala paneles solares en la Casa Blanca.

1980

El físico e inventor norteamericano Paul MacCready construye el Solar Challenger, el primer avión tripulado propulsado por energía solar.

1987

Primera carrera bianual de autos solares —World Solar Challenge— en Australia.

1993

Se construye el Laboratorio de Investigaciones de la Energía Solar.

2002

El presidente George W. Bush instala dos sistemas de calentamiento solar de agua en la Casa Blanca.

2007

La eficiencia de las celdas solares supera el 40 %.

Glosario

aislado: poner sustancias para prevenir la pérdida de calor

atmósfera: mezcla de gases que rodea un planeta **celdas**

colector parabólico: recipiente largo y estrecho en forma de cazuela

eficiente: trabajar sin gastar energía

fotosíntesis: proceso químico mediante el cual las plantas producen alimento

fotovoiltaica: aparato que puede producir electricidad al exponerse al Sol

fusión nuclear: energía creada cuando se unen las partículas que forman los átomos

generador: máquina que convierte energía en electricidad

helio: gas incoloro e inodoro que no es combustible

hidrógeno: gas incoloro combustible

industria: compañías manufactureras y otros negocios

oxígeno: gas incoloro que se encuentra en el aire

silicio: elemento químico que se encuentra en la arena

tecnología: usar la ciencia y habilidades para mejorar cosas

turbina: motor movido por aire, agua, vapor o gas

Índice

Más lectura

Morris, Neil. *Solar Power*. Smart Apple Media, 2006.

Thomas, Isabel. *The Pros and Cons of Solar Power*. Rosen Central, 2007.

Walker, Niki. *Harnessing Power from the Sun*. Crabtree Publishing, 2007.

Sitios de la internet

www.doe.gov/forstudentsandkids.htm

http://www.solarenergy.org/resources/youngkids.html

http://powerhousekids.com

Sobre los autores

David y Patricia Armentrout se especializan en libros de no ficción para niños. Les gusta explorar diferentes temas y han escrito acerca de muchos temas, incluidos los deportes, los animales, la historia y las personas. A David y a Patricia les gusta pasar su tiempo libre al aire ... re con sus dos hijos y su perro Max.